CONOCE LAS CIENCIAS BIOLÓGICAS

LOS HONGOS

KATE MIKOLEY

TRADUCIDO POR ALBERTO JIMÉNEZ

Gareth Stevens PUBLISHING

ENCONTEXTO

Please visit our website, www.garethstevens.com. For a free color catalog of all our high-quality books, call toll free 1-800-542-2595 or fax 1-877-542-2596.

Cataloging-in-Publication Data

Names: Mikoley, Kate, author.
Title: Los Hongos / Kate Mikoley.
Description: New York : Gareth Stevens Publishing, [2020] | Series: Conoce Las Ciencias Biológicas | Includes index.
Identifiers: LCCN 2019027294 | ISBN 9781538250723 (library binding) | ISBN 9781538250709 (paperback) | ISBN 9781538250716 (6 pack) | ISBN 9781538250730 (ebook)
Subjects: LCSH: Fungi--Juvenile literature.
Classification: LCC QK603.5 .M55 2020 | DDC 579.5--dc23
LC record available at https://lccn.loc.gov/2019027294

First Edition

Published in 2020 by
Gareth Stevens Publishing
111 East 14th Street, Suite 349
New York, NY 10003

Translator: Alberto Jiménez
Editor, Spanish: Rossana Zuñiga
Designer: Reann Nye
Editor: Kate Mikoley

Photo credits: Series art MriMan/Shutterstock.com; cover, p. 1 Regina Nogova/Shutterstock.com; p. 5 FotograFFF/Shutterstock.com; p. 7 Andreas Zerndl/Shutterstock.com; p. 9 Poliorketes/Shutterstock.com; p. 11 Isabel Eve/Shutterstock.com; p. 13 ROMAN KALISHCHUK/Shutterstock.com; p. 15 dugdax/Shutterstock.com; p. 17 Olena Belevantseva/Shutterstock.com; p. 19 SpeedKingz/Shutterstock.com; p. 21 mahey/Shutterstock.com; p. 23 Peleg Elkalay/Shutterstock.com; p. 25 O_Solara/Shutterstock.com; p. 27 Kallayanee Naloka/Shutterstock.com; p. 29 MyImages - Micha/Shutterstock.com; p. 30 (left) Svitlyk/Shutterstock.com; p. 30 (middle) kwanchai.c/Shutterstock.com; p. 30 (right) Chongsiri Chaitongngam/Shutterstock.com.

Printed in the United States of America

CPSIA compliance information: Batch #CW20GS: For further information contact Gareth Stevens, New York, New York at 1-800-542-2595.

CONTENIDO

Oh, hongos 4
Clasificar los hongos 6
Hacer más hongos 8
Hora de comer 10
Parasitos dañinos 14
A escondidas 18
Setas asombrosas 20
Hornear con hongos 22
¿Qué es el moho? 24
¿Más por descubrir? 28
Hongos: ¿buenos o no? 30
Glosario 31
Para más información 32
Índice 32

Las palabras del glosario se muestran en **negrita** la primera vez que aparecen en el texto.

OH, HONGOS

Si ves un ser vivo que crece en la tierra, puedes pensar que se trata de una planta. Sin embargo, no siempre es así. Los hongos son **organismos** que pueden parecer plantas, pero que en realidad son muy diferentes de ellas.

SI QUIERES SABER MÁS

En inglés, palabra "fungi" es plural y la usamos para hablar de más de un hongo. "Fungus" es el **singular**.

CLASIFICAR LOS HONGOS

Los científicos dividen los seres vivos en grupos según las características que tengan en común. Esto se llama clasificar. Aunque antes los hongos se clasificaban en el mismo grupo que las plantas, a finales del siglo XX los científicos se dieron cuenta de que formaban un grupo, o reino, propio: el reino *Fungi* ("hongos" en latín).

SI QUIERES SABER MÁS

La seta es un tipo de hongo. Algunas son comestibles, otras venenosas, otras pueden causar la muerte. ¡Cuidado!

HACER MÁS HONGOS

La mayoría de los hongos tienen esporas, un tipo de semillas que suelen estar compuestas por una célula. Los hongos **liberan** muchas esporas. Si una espora aterriza en un lugar donde puede vivir, se convierte en un nuevo hongo.

SI QUIERES SABER MÁS

Aunque la mayoría de los hongos viven en la tierra, normalmente en zonas húmedas, algunos viven en el agua.

HORA DE COMER

A diferencia de las plantas, los hongos no fabrican su propio alimento: lo obtienen de las cosas que los rodean. Desprenden unos compuestos llamados enzimas que descomponen la materia orgánica, luego el alimento se **absorbe** a través de ciertas partes del hongo.

SI QUIERES SABER MÁS

Muchos hongos obtienen **nutrientes** de plantas o animales muertos, como los árboles caídos.

Cuando los hongos obtienen su alimento de la materia muerta, ayudan a que esa materia se descomponga. Al descomponerse, el organismo muerto se convierte en materia útil para los seres vivos del **medio ambiente**.

SI QUIERES SABER MÁS

Los hongos que descomponen plantas y animales muertos ayudan a eliminar la materia que de otra manera cubriría gran parte del bosque.

PARASITOS DAÑINOS

Los hongos que obtienen sus nutrientes de otros seres vivos se llaman hongos parásitos. Por lo general, se alimentan de plantas, y pueden dañarlas o incluso matarlas. A veces, los hongos parásitos arruinan los cultivos y las **fuentes** de alimentos.

SI QUIERES SABER MÁS

En Estados Unidos, los hongos parásitos han destruido muchos castaños y olmos.

Ciertos hongos parásitos hacen daño a los animales. Si el hongo **infecta** una planta y la infección no se nota, los animales que la coman pueden enfermar o morir. En Europa, durante la **Edad Media**, muchas personas enfermaron al comer pan de centeno infectado por hongos.

SI QUIERES SABER MÁS

Hoy existen métodos que eliminan las partes infectadas de las plantas, así se evita que las personas o los animales enfermen al comerlas.

A ESCONDIDAS

La parte visible del hongo se llama cuerpo fructífero. A menudo, la parte que crece bajo tierra es mucho más grande. En Oregón, hay un hongo que cubre más de 2 000 acres (809 ha), pero la mayor parte no se puede ver ¡porque está bajo tierra!

SI QUIERES SABER MÁS

Algunos hongos son tan pequeños que solo se ven con un instrumento llamado microscopio.

SETAS ASOMBROSAS

Los hongos que tienen un cuerpo fructífero, en forma de paraguas, se llaman setas. Hay muchas especies, o tipos, de setas; algunas son comestibles y muy sabrosas. Sin embargo, otras son venenosas o tóxicas, y su consumo puede ser muy dañino.

SI QUIERES SABER MÁS

Nunca debes comer un hongo que encuentres en el campo ya que podría ser venenoso. Los hongos venenosos suelen llamarse setas no comestibles.

HORNEAR CON HONGOS

La levadura es un tipo de hongo compuesto por una célula. Se puede encontrar en el suelo y en partes de plantas de todo el mundo. Algunos tipos de levaduras se usan para hacer alimentos, por ejemplo, para que el pan se esponje.

SI QUIERES SABER MÁS

La levadura para hornear se alimenta de azúcar y luego produce **dióxido de carbono**, que hace que los alimentos se eleven o esponjen.

¿QUÉ ES EL MOHO?

Si alguna vez has tenido que tirar un trozo de pan o de fruta porque estaba cubierto de una materia verdosa y peluda, entonces has visto hongos. Este tipo de hongo, llamado moho, suele indicar que la comida no es apta para el consumo.

SI QUIERES SABER MÁS

Aunque algunos mohos no son comestibles, ¡otros sirven para hacer ciertos quesos!

Algunos tipos de moho son capaces de matar bacterias dañinas. El *Penicillium* sirve para elaborar la penicilina. La penicilina es útil como antibiótico, un **medicamento** que elimina ciertas clases de bacterias dañinas (patógenas).

SI QUIERES SABER MÁS

La penicilina es útil para tratar muchas enfermedades infecciosas, como las de garganta o de bronquios.

¿MÁS POR DESCUBRIR?

Los hongos pueden tener múltiples formas y tamaños, y vivir en muchos tipos de **hábitats**. Existen alrededor de 144 000 especies conocidas. Sin embargo, ¡los científicos piensan que puede haber millones de especies que aún no conocemos!

SI QUIERES SABER MÁS

Las hormigas podadoras llevan trozos de hojas a sus nidos. ¡Luego comen los hongos que crecen en las hojas!

HONGOS: ¿BUENOS O NO?

HONGOS ÚTILES

· ayudan a producir alimentos como el pan y el queso

· producen medicina

· decomponen materia muerta

· cuando es seguro comerlos, pueden ser sabrosos y proveer nutrientes

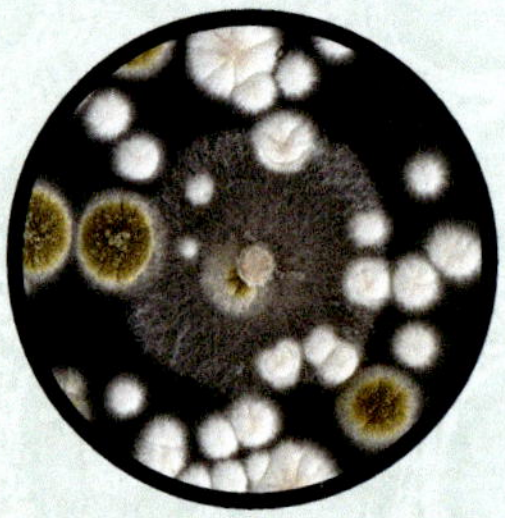

HONGOS DAÑINOS

· perjudican plantas y animales

· causan enfermedades

· crecen en los alimentos y los hacen no aptos para su consumo

GLOSARIO

absorber: tomar.

dióxido de carbono: gas que exhalan los animales.

Edad Media: periodo de la historia que va del siglo V a finales del XV.

fuente: algo que ofrece un suministro de una cosa en particular.

hábitat: lugar natural en que habita un animal o una planta.

infectar: propagar algo dañino.

liberar: desprender, producir o secretar algo.

medicamento: sustancia que se da a un enfermo para sanarlo.

medio ambiente: mundo natural en que vive un animal o una planta.

nutriente: algo que un ser vivo necesita para crecer y seguir viviendo.

organismo: ser viviente.

singular: forma de una palabra que indica una sola cosa.

PARA MÁS INFORMACIÓN

LIBROS

Axelrod-Contrada, Joan. *Mini Mind Controllers: Fungi, Bacteria, and Other Tiny Zombie Makers*. North Mankato, MN: Capstone Press, 2017.

Twiddy, Robin. *Mushrooms and Fungi*. New York, NY: Kidhaven Publishing, 2019.

SITIOS DE INTERNET

Biología para niños: Hongos
www.ducksters.com/science/biology/fungi.php
Lee más acerca de los hongos y haz una prueba en este sitio de internet.

Setas
www.dkfindout.com/us/animals-and-nature/mushrooms/
Aquí aprenderás más sobre muchos tipos diferentes de hongos.

Nota del editor para educadores y padres: nuestro personal especializado ha revisado cuidadosamente estos sitios web para asegurarse de que son apropiados para los estudiantes. Muchos sitios de internet cambian con frecuencia, por lo que no podemos garantizar que posteriores contenidos que se suban a esas páginas cumplan con nuestros estándares de calidad y valor educativo. Tengan presente que se debe supervisar cuidadosamente a los estudiantes siempre que tengan acceso al Internet.

ÍNDICE

antibiótico, 26
bacterias, 26
célula, 8, 22
cuerpo fructífero, 18, 20
dióxido de carbono, 23, 31
enzima, 10
especies, 20, 28
esporas, 8
hábitat, 28, 31
hongos parásitos, 14, 15, 16
hormigas podadoras, 29
levadura, 22, 23
medio ambiente, 12, 31
microscopio, 19
moho, 24, 25, 26
nutriente, 11, 14, 30, 31
organismo, 4, 12, 31
parásito, 14
penicilina, 26, 27
Penicillium, 26
reino, 6
semillas 8
setas 7, 20, 21
setas no comestibles 21